Ruedas salvajes

Los vehículos todoterreno

KELI SIPPERLEY

BLACK RABBIT BOOKS

Bolt es una publicación de Black Rabbit Books
P.O. Box 227, Mankato, Minnesota, 56002
www.blackrabbitbooks.com

Michael Sellner, diseñador del interior
y investigación fotográfica

Información del catálogo de publicaciones de la biblioteca del congreso
Names: Sipperley, Keli, author.
Title: Los vehículos todoterreno / by Keli Sipperley.
Other titles: ATVs. Spanish
Description: Mankato, Minnesota: Black Rabbit Books, [2024] | Series: Ruedas salvajes | Includes index. | Audience: Ages 8-12 | Audience: Grades 4-6 | Summary: "Take a look at ATV's unique features, exterior design, and what's under the hood. Translated into North American Spanish"—Provided by publisher.
Identifiers: LCCN 2022048032 (print) | LCCN 2022048033 (ebook) | ISBN 9781623108434 (library binding) | ISBN 9781623108694 (ebook)
Subjects: LCSH: All terrain vehicles—Juvenile literature. | CYAC: All terrain vehicles.
Classification: LCC TL235.6 .S5618 2024 (print) | LCC TL235.6 (ebook) | DDC 629.228/8—dc23/eng/20221020
LC record available at https://lccn.loc.gov/2022048032
LC ebook record available at https://lccn.loc.gov/2022048033

Impreso en China

Image Credits

Alamy: Anatoliy Kosolapov 20–21, Cary Ulrich Photography 25, Dumitrina Andrusca 1, Dzmitry Shanchuk 26–27, Oleksiy Maksymenko Photography 14, 15, 31, PA Images 13, Sergey Tolmachev 22; Dreamstime: 400ex127 10, Mariusz Pietranek 22, Paweł Gubernat 29; Getty: Frank Bienewald 10, Jessie Casson 13, JOSEPH PREZIOSO 16–17, 32, LL28 9, Mikhail Dmitriev 22, Mint Images 13, Tim Bingham 24, valio84sl 15; Shutterstock: Artur Didyk 4–5, 6, 19, dotshock 19, Flying Camera 14, foxaon1987 3, Maciej Kopaniecki 6, Suvorov_Alex cover, Vitamin-Co 26–27

Contenido

CAPÍTULO 1

Los vehículos todoterreno

¿No hay carreteras? No hay problema. El vehículo avanza a toda velocidad por el estrecho sendero. Sus cuatro llantas anchos ruedan con facilidad sobre las rocas y las ramas. El conductor **se monta a horcajadas** sobre el asiento y agarre el manillar. El motor del vehículo ruge. ¡Cuidado! Hay una curva cerrada más adelante.

"ATV" es la abreviatura en inglés de "vehículo todoterreno".

El conductor de un vehículo desplaza el peso de su cuerpo para cambiar de dirección mientras gira el manillar.

Trepar alto

El vehículo gira con los movimientos del conductor. El sendero sube por una colina. El conductor desplaza el peso de su cuerpo hacia delante. ¡Arriba, arriba, arriba! Las llantas del vehículo se adhieren al suelo. Su motor se encarga de la subida.

CAPÍTULO 2

Usos

Los vehículos todoterreno no están pensados para las calles de la ciudad. En cambio, estos vehículos de cuatro ruedas están pensados para la conducción a campo traviesa.

Los vehículos todoterreno son populares para explorar la naturaleza. Los campistas y los cazadores manejan en terrenos inhóspitos. Los vehículos son lo suficientemente pequeños como para moverse por espacios reducidos. Están construidos para enfrentarse a terrenos **escabrosos**.

Listos para competir

¡Los vehículos todoterreno también están hechos para competir! Los vehículos más potentes pueden alcanzar velocidades de 80 millas (129 kilómetros) por hora.

Hay diferentes estilos de competiciones de cuatriciclos. En algunas competiciones, los conductores compiten en pistas rectas. Otras competiciones tienen vueltas. Algunas competiciones llevan a los conductores a través de bosques y terrenos rocosos. Pueden **competir** corredores de todas las edades, ¡incluso niños!

Listos para trabajar

Estas máquinas **compactas** no son solo para divertirse. Los vehículos todoterreno también son vehículos de trabajo. Los agricultores conectan herramientas, como arados y sembradoras, a sus vehículos. Luego **labran** los campos o esparcen las semillas. Estos vehículos prácticos también pueden utilizarse para transportar madera, comida y otros materiales.

Muchos soldados utilizan vehículos todoterreno en las zonas de combate.

agricultura

ejército

transporte

Tipos de vehículos todoterreno

Vehículos militares

combate y tareas de reconocimiento

Vehículos tipo buggy

varios pasajeros

Vehículos deportivos

carreras y recorridos por senderos difíciles

Vehículos todoterreno utilitarios

trabajo agrícola

Equipo de protección básico

Mantenerse seguro

Conducir a campo traviesa puede ser peligroso. Un cuatriciclo todoterreno no tiene una cabina cerrada como un automóvil o un camión para proteger al conductor. Las ramas, las rocas y la tierra pueden lastimar a los conductores. ¡Y también los choques! El conductor de un vehículo todoterreno debe llevar equipo de protección.

CAPÍTULO 3

Construidos para la aventura

Hay diferentes tipos de vehículos todoterreno, pero todos tienen algunas cosas en común. Los vehículos todot erreno tienen asientos y manillares como los de una moto de cross. Pero mientras que las motos de cross tienen dos ruedas, los vehículos todoterreno tienen cuatro. Todos los cuatriciclos tienen al menos una luz delantero y una luz de freno.

69

PIEZAS DEL VEHÍCULO

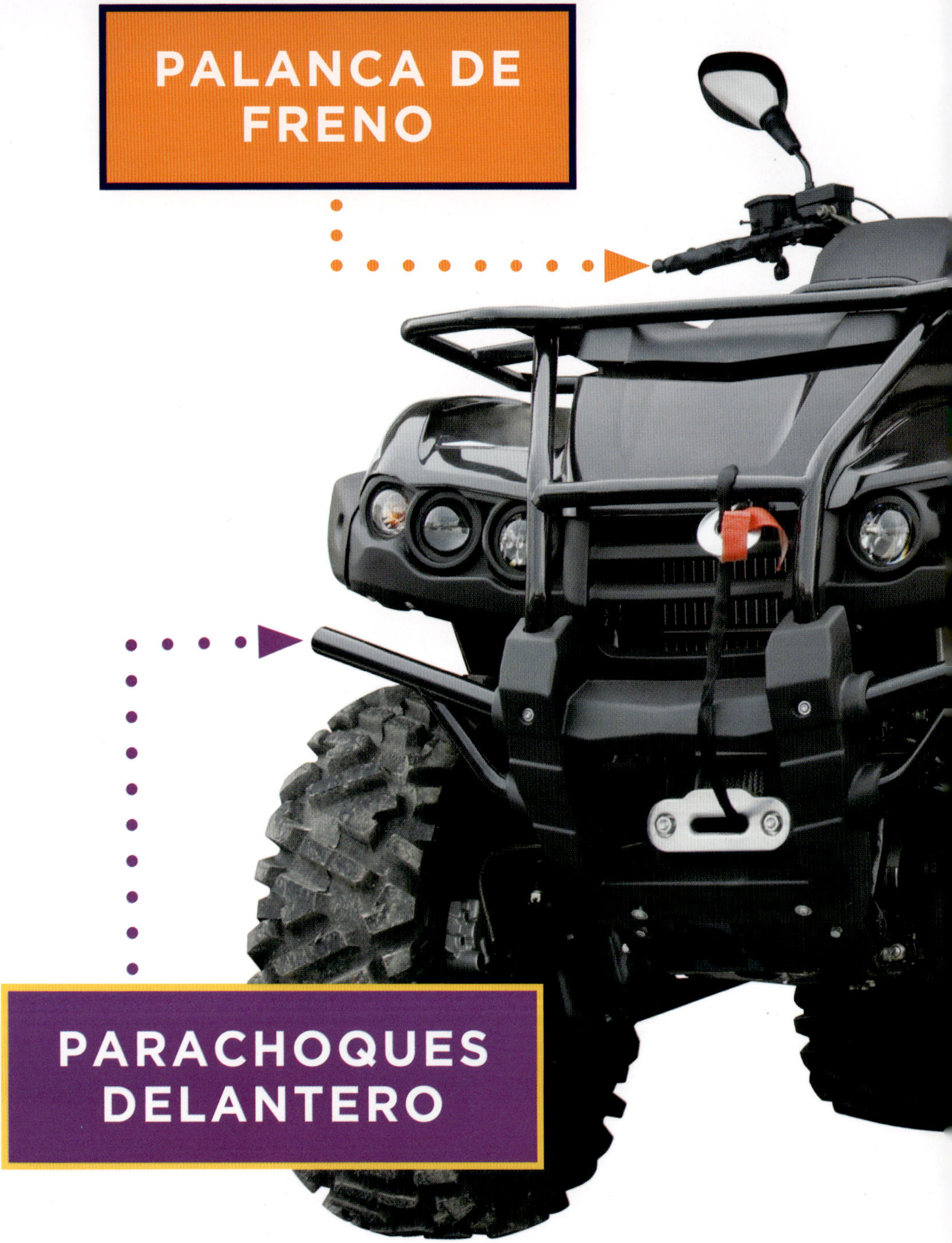

MANILLAR
ACELERADOR DE PULGAR
ESTRIBO

pintura y calcomanías

techo

guardamanos

Diseño del vehículo todoterreno

El chasis de un cuatriciclo todoterreno está hecho con tubos metálicos. La carrocería a menudo estar hecho de de plástico. Las distintas piezas pueden sustituirse fácilmente si se dañan. Un parachoques de acero ayuda a proteger el vehículo en caso de choque.

Piezas personalizadas

Algunos dueños añaden piezas a sus vehículos todoterreno.

CAPÍTULO 4

Potencia

La mayoría de los vehículos todoterreno funcionan con motores a combustión. Estos vehículos usan gasolina, al igual que muchos automóviles y camiones. Otros vehículos son eléctricos. Están propulsados por un motor eléctrico en lugar de un motor a combustión.

MOTOR ELÉCTRICO

TRACCIÓN EN LAS CUATRO RUEDAS VS DOS RUEDAS

Muchos vehículos utilizan la tracción en las cuatro ruedas para circular por terrenos rocosos. La potencia del motor hace girar todas las ruedas de manera uniforme. Los motores de tracción en dos ruedas envían potencia a un solo juego de ruedas. Algunos vehículos pueden cambiar de tracción en las cuatro ruedas a tracción en dos ruedas.

TRACCIÓN EN DOS RUEDAS

LA POTENCIA VA A **DOS RUEDAS**

DELANTERAS

TRASERAS

TRACCIÓN EN LAS CUATRO RUEDAS

LA POTENCIA VA A LAS CUATRO RUEDAS

Una aventura

Estas máquinas pequeñas pero poderosas pueden ir a lugares a los que otros vehículos no pueden. Pero conducir un vehículo todoterreno requiere habilidades y conocimientos de seguridad. Los conductores de vehículos toman clases antes de salir a los caminos o a la pista de competiciones. Andar en un vehículo todoterreno no es solo un paseo. ¡Es una aventura!

Se ofrecen clases de conducción
de vehículos para niños y adultos.

GLOSARIO

combate: lucha activa, a menudo en una guerra.

compacto: más pequeño que otras cosas del mismo tipo.

competir: tratar de ganar una carrera o competencia contra otras personas.

escabrosos: áspero e irregular.

labrar: preparar la tierra para el cultivo.

se monta a horcajadas: sentarse o montar con una pierna a cada lado de algo.

terreno: suelo.

ÍNDICE